D. Royer del. - Deroy lith.  Troyes. Lith Dufour Bouquot

# DÉCORATION DU FEU D'ARTIFICE POUR LA PAIX DE BADE

Tiré le Dimanche 2 X^bre 1714 devant l'Hôtel de Ville de Troyes

*(D'après une gravure du temps)*

# LES FÊTES DE LA PAIX

DONNÉES

## PAR LA VILLE DE TROYES

SOUS

## LOUIS XIV

PAR

## M. ALBERT BABEAU

SECRÉTAIRE DE LA SOCIÉTÉ ACADÉMIQUE DE L'AUBE

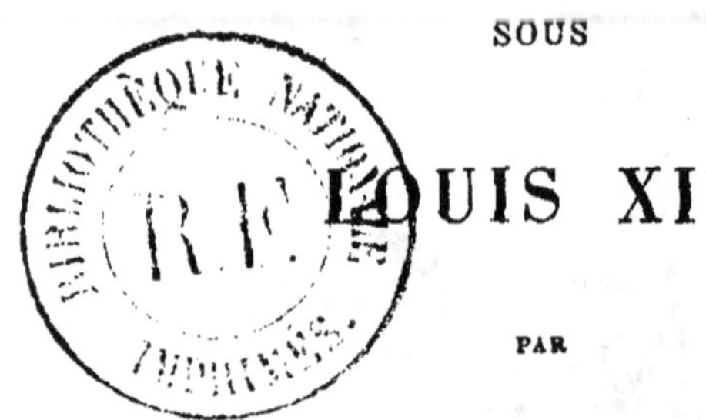


TROYES

IMPRIMERIE ET LITHOGRAPHIE·DUFOUR-BOUQUOT
Rue Notre-Dame, 43 et 41

1876

# LES FÊTES DE LA PAIX

## DONNÉES PAR LA VILLE DE TROYES

SOUS

## LOUIS XIV

—◆—

## I.

Le récit des fêtes d'un autre âge n'a pas seulement pour but de satisfaire une vaine curiosité ; il peut donner, sur les usages, sur les institutions, sur les mœurs d'une époque, des indications qu'en vain l'on chercherait ailleurs. On ne se ré·jouissait pas au dix-septième siècle comme au seizième, sous Louis XIV comme sous Henri II. Au seizième siècle, les fêtes publiques avaient un éclat, une richesse, une variété, qu'elles n'eurent pas plus tard. A la fin du dix-septième, elles avaient un caractère plus officiel et plus sobre ; elles célébraient d'ordinaire par des *Te Deum* et des feux de joie les naissances et les mariages des princes, les victoires, les conquêtes et la paix.

On célébra souvent la paix sous Louis XIV, par la raison qu'on fit souvent la guerre. Les guerres, malheureusement, furent de plus en plus longues ; si celle qui se termina par le traité d'Aix-la-Chapelle n'avait duré qu'un an, la suivante en dura six, la dernière treize. Ce n'étaient point, il est vrai, des luttes acharnées où l'existence même de la patrie semblait être en jeu ; c'étaient plutôt des duels, qui avaient leurs règles, leurs repos, leurs reprises ; et cependant, dans les deux dernières guerres, les populations subirent des maux qu'elles n'avaient pas connus antérieurement, tels que le recrutement forcé, l'augmentation des impôts, la disette et la misère.

Aussi les nouvelles de la paix étaient-elles accueillies avec joie. Il n'eut pas été besoin de prescrire au peuple de se réjouir, si l'usage ne l'avait exigé. C'était, en effet, le roi qui ordonnait les actions de grâces et les feux de joie ; il annonçait les événements heureux dans un style noble, marqué à l'empreinte du grand siècle, et où respirait le sentiment du pouvoir absolu limité seulement par la toute-puissance de Dieu. Au début de son règne, il s'adressait encore aux municipalités des grandes villes ; il comptait encore avec elles ; en 1660, il annonçait le traité signé à l'île des Faisans à ses « chers et bien amez les maire, eschevins et habitans de la ville de Troyes. » Plus tard, c'est au gouverneur militaire qu'il s'adresse ; il lui recommande « de tenir la main à ce que les officiers de justice et les autres corps » assistent aux cérémonies qu'il ordonne (1). Parmi les autres corps se trouve la municipalité, qui a perdu la plupart de ses prérogatives et n'a conservé que l'apparence de son autorité.

La plus brillante de ses prérogatives consistait pourtant à présider aux cérémonies publiques. C'était celle dont elle usait le plus fréquemment, si l'on en juge par les registres de ses délibérations sous Louis XIV et Louis XV. Après la réception de la lettre du roi, le lieutenant-général, le maire, le corps municipal et les officiers de la milice bourgeoise se réunissaient dans la grande salle de l'Hôtel-de-Ville. Si l'on y avait pénétré le 12 juin 1713, on aurait pu voir le lieutenant-général Guillaume de Chavaudon, assis dans un fauteuil placé du côté de la dernière fenêtre de la rue, et le maire Paillot

______

(1) **Lettres de Louis XIV. Archives municipales de Troyes. A. A. 46. 1.**

siégeant dans un fauteuil voisin, au fond de la salle, auprès du médaillon où Girardon avait sculpté le buste du roi. « Près de lui était une grande table couverte d'un beau tapis. Ensuite du fauteuil de M. le Maire estoient des bancs à dos garnis de tapisserie qui servaient dans la salle d'audience de l'Hôtel-de-Ville, » et vis-à-vis du maire, de l'autre côté de la salle, « estoient les sieurs conseillers de ville et les sieurs officiers de la milice bourgeoise au nombre de six, y compris le major. » Le greffier de l'Hôtel-de-Ville était placé « au bas de M. le Maire (1). »

Dans ces réunions étaient réglés les détails de la cérémonie, qui variaient peu, et qui se composaient d'un *Te Deum* auquel assistaient les officiers de justice, la municipalité et la milice bourgeoise, d'un feu de joie ou d'un feu d'artifice ; enfin, de distributions de pain et de vin.

Les proclamations de la paix avaient lieu quelques jours avant celui où le *Te Deum* était chanté, avec un cérémonial dont on se départissait peu. Le maire, les échevins et les conseillers de ville se réunissaient en grand costume à l'Hôtel-de-Ville ; les sergents de l'échevinage et le trompette les attendaient ; la milice bourgeoise se rangeait en bataille sur la place, commandée par les officiers revêtus du hausse-col et l'épée à la main ; et quand le maire et les échevins paraissaient sur le perron de l'Hôtel-de-Ville, les tambours battaient, tandis que la musique se faisait entendre.

Il n'y a pas de fêtes, en effet, sans milice bourgeoise et sans musique. La milice avait perdu beaucoup de son importance à la fin du règne de Louis XIV ; elle rendait cependant encore des services, soit dans les incendies, soit dans les recensements. Elle figurait dans les cérémonies publiques. Aux services funèbres, les soldats de la milice, vêtus de noir, la pique ou le mousquet incliné, se rendaient à la cathédrale, avec les tambours drapés et l'enseigne colonnelle, dont le taffetas

---

(1) Archives municipales, Registre A. 47.

blanc semé de deux cents fleurs de lys d'or (1) était voilé d'un crêpe qui traînait d'une aune par terre (2). Dans toutes les circonstances, la milice bourgeoise était l'auxiliaire de la municipalité, qu'elle suivait et qu'elle entourait, et qui longtemps avait nommé ses officiers.

La municipalité, depuis le moyen-âge, avait eu ses musiciens. En 1459, elle entretenait quatre ménétriers ou joueurs d'instruments, qu'elle payait 12 liv. par an (3). Ces joueurs d'instruments formaient une corporation, sous le patronage de saint Julien; elle était, en 1659, sous la direction d'un lieutenant du roi des violons, qui n'était autre que le premier violon du roi (4). La ville, en outre, avait quatre tambours ordinaires, un trompette et un fifre, qui avaient le privilége d'être seuls appelés dans « les réjouissances chez les bourgeois » et de donner des aubades (5). Le trompette de la ville, qui possédait avec les tambours le monopole des publications, avait quatre trompettes sous ses ordres, qu'on appelait ses quatre commis (6). A la fin du dix-septième siècle, le goût de la musique parut se répandre davantage à Troyes : une bande de violons fut engagée dans les jours de fête par le corps de ville. En 1697, elle figure avec des hautbois; Pierre Poupin, joueur d'instruments, était, en 1713 et en 1714, le chef de musique de la ville; il reçut chaque fois 30 liv. pour avoir assisté avec sa compagnie aux fêtes de la publi-

---

(1) En 1608, on paya « pour 16 aulnes taffetas blanc de Florence à six livres cinq sols l'aulne pour faire une enseigne colonnelle..... c liv. » et « au paintre pour 200 fleurs de lys d'or dont a esté.... la dicte enseigne de deux costés, à raison de 4 sols pièce — xl liv. » — Arch. mun. AA. 44. 3.

(2) Archives de l'Aube, Reg. G. 1304, fol. 1117 v°. — Arch. mun. Q. 6.

(3) Quittance notariée du 20 décembre 1459. Arch. mun. A. A. 3. 9.

(4) Registres des mandements du roi adressés au bailliage. Arch. Aube.

(5) 1696. 6 liv. pour leurs étrennes aux quatre tambours de la ville. — Requête des quatre tambours. Arch. mun. A. A. 4. 1.

(6) Ord. du 7 janvier 1697 de payer au trompette ordinaire de la ville et à ses quatre *comits* 8 liv. pour avoir salué de leurs trompettes Messieurs les maire et eschevins le 1er janvier. Le trompette recevait 50 liv. de gages par an. En 1714, on lui devait cinq ans et demi d'arriéré. Arch. mun. A. A. 4. 2.

cation de la paix (1). En 1713, il avait sous ses ordres onze violons, dont huit dessus et trois basses. Les hautbois avaient été conservés, et à une certaine époque ils étaient accompagnés de vielles. Les onze violons ne quittaient point le corps municipal, marchant devant lui dans le cortége; les tambours et les fifres précédaient les compagnies de milice; et quand la magistrature retournait au Palais, elle était accompagnée par les hautbois (2).

Lorsque le corps municipal n'était pas en difficultés avec le bailliage pour des questions de préséance, et ces difficultés n'étaient que trop fréquentes (3), il se rendait au Palais, où les lettres patentes du roi annonçant la paix et ordonnant les fêtes étaient enregistrées en audience solennelle. Après l'enregistrement, le greffier du présidial et celui de la ville donnaient tour à tour lecture, sur la sixième marche du grand perron, de la proclamation de la paix. C'était parfois une cause de désordre. En 1668, un jeune conseiller au bailliage avait arraché le texte de la proclamation des mains du greffier de la ville, et la lui avait rejetée après l'avoir déchirée (4). Aussitôt après la lecture de la proclamation royale, les salves de mousqueterie et parfois d'artillerie éclataient, et les accents de la musique se faisaient entendre au milieu des roulements des tambours et des acclamations. Pendant ce temps, les corps constitués se disposaient à prendre leur place dans le cortége, pour aller répéter solennellement la proclamation sur la place Saint-Pierre, au carrefour des Quatre-Vents et sur le perron de l'Hôtel-de-Ville.

Les autorités de ce temps ne négligeaient pas l'appareil ex-

---

(1) A Pierre Poupin... 30 liv. pour avoir assisté avec sa compagnie aux cérémonies de la publication de la paix. Arch. mun. A. A. 46. 1.

(2) Manuscrits de Semilliard, t. III, 815; t. IV. Bibl. de Troyes, n° 2317.

(3) Boutiot, *Querelles entre le bailliage et l'échevinage de Troyes.* — Annuaire de l'Aube 1864. — Registre des mandements du roi, n° 16, fol. 16 v° et suiv. — En 1713, le maire proclama la paix sur le perron de l'Hôtel-de-Ville, et n'alla pas au Palais.

(4) Reg. du cérémonial (de 1666 à 1705). Arch. mun. Q. 6.

térieur, qui en éblouissant les yeux rappelle les souvenirs du passé. Plusieurs compagnies de milice ouvraient la marche. Le présidial s'avançait le premier, et les magistrats en robe étaient précédés de nombreux huissiers (1), de sergents portant le bâton fleurdelysé, et d'un trompette enrubanné aux couleurs de la ville. Les officiers de la prévôté et du grenier à sel avaient aussi leurs sergents portant les mêmes bâtons. A droite et à gauche, les archers de robe courte et de la maréchaussée marchaient sur deux files, les uns revêtus de casaques rouges, les autres de casaques bleues, l'épée au côté, le mousqueton sur l'épaule. Les archers, comme les officiers, se disputaient parfois la préséance, et, en 1714, les archers de robe courte troublèrent le cortége en voulant s'emparer par force de la droite (2).

Mais ce qui attirait surtout les regards, c'était la municipalité, précédée de la musique, des sergents, du trompette. Devant le maire, accompagné de son greffier, suivi des échevins, des conseillers, de l'avocat, du receveur et du procureur de la ville, tous en robe de cérémonie (3), marchait le sergent royal, vêtu d'une robe « my-partie » de deux couleurs, et qui tenait, à la proclamation de la paix de Nimègue « un sceptre semé de fleurs de lys d'or » (4), analogue à celui que porte encore de nos jours le massier des lords maires des grandes villes d'Angleterre. Plus tard, ce sceptre se réduisit à un bâton semblable à celui des sergents (5). Les quatre sergents de l'échevinage étaient vêtus de manteaux bordés de galons d'or surdoré, garnis de boutons d'or, et recouverts d'écussons brodés aux armes de la ville (6); l'épée au

_____

(1) En 1660, il y avait 30 huissiers, marchant deux à deux. Arch. Aube, G. 1303.

(2) Manuscrits de Semilliard, IV.

(3) Paix de 1668. Cérémonial, Q. 6, fol. 12.

(4) Id., fol. 54.

(5) En 1696. — Même registre.

(6) 1712. Ordonnance de paiement de 219 liv. 5 s. pour « galons d'or surdoré et quatre douzaines de boutons d'or pour les quatre manteaux des sergents de ville. »

côté, ils portaient à la main un bâton de deux à trois pieds de long, peint en bleu et semé de fleurs de lys d'or, qu'on appelait le bâton royal, et dont l'extrémité supérieure était, soit ornée d'une fleur de lys en bois boré, soit décorée de rubans (1). Non loin des sergents marchait le trompette de la ville en robe galonnée d'or et relevée de broderies (2). Sur la banderolle de son instrument étaient peintes les armes de la ville (3), et dans les cérémonies funèbres, elle était recouverte de noir, tandis que le musicien sonnait à la sourdine (4). Mais, dans les fêtes de la paix, le trompette laissait pendre sa banderolle et portait une cocarde formée de six aunes de ruban aux couleurs de la ville, rouge, bleu et blanc (5). Les mêmes rubans tricolores flottaient au chapeau noir galonné d'or des sergents, et décoraient le trompette du présidial, les violons, les ouvriers de la ville et les valets du maire. Tout ce cortége, réglé d'après un cérémonial débattu à l'avance, précédé et suivi de compagnies de milice, s'avançait d'un pas solennel et cadencé, à travers les principales rues de la ville, entre les boutiques fermées par ordre, entre les maisons, garnies parfois d'écussons (6) et de tapisseries, au bruit des violons, des tambours, des trompettes et des hautbois, au milieu des cris redoublés de Vive le Roi et des décharges de mousqueterie. Les proclamations terminées, tous les corps revenaient

---

Autre : à Chevry, brodeur, de 60 liv. pour quatre écussons qu'il a faits et posés sur les casaques des quatre sergents de ville, façon des quatre manteaux, 30 liv. — Arch. mun. A. A. 3, 15.

(1) Ord. de paiement.

(2) Man. de Semilliard, IV. Reg. du Cérémonial.

(3) Ord. de paiement de 46 liv. « à Jacques Hurant, painctre, pour sept armoyries qu'il a faites et la banderolle de la trompette. » 26 novembre 1617. — Arch. mun. A. A. 4. 2.

(4) 1688. Arch. mun. Q. 6, fol. 75.

(5) Incarnat, bleu et blanc ; Reg. Q. 6, fol. 54... rubans rouges, bleus et blancs. Id. Paix de 1696 avec le duc de Savoie.

(6) En 1696, des écussons aux armes dn roi, de la ville et du gouverneur sont placés en divers endroits. L'écu des armes de l'échevin Jourdain est fixé à sa porte. Id.

au siége de leur juridiction, accompagnés de leurs sergents et dans certains cas de musiciens.

La proclamation était quelquefois suivie de distributions de pain (1) et de vin, et d'illuminations dans la soirée. Mais la vraie fête, la fête religieuse et la fête populaire étaient remises d'ordinaire au dimanche suivant, avec le *Te Deum* et le feu de joie.

## II.

Les habitants étaient avertis plusieurs jours à l'avance, par une ordonnance de la municipalité, des cérémonies et des réjouissances prescrites par le roi pour la célébration de la Paix. On les engageait à tenir, dès neuf heures du matin, les rues nettes ; on les invitait à faire réparer les pavés défectueux de la chaussée située devant leurs maisons, notamment dans la Grande-Rue, la rue Notre-Dame et la rue de la Cité. C'était une manière utile de « leur faire honorer la cérémonie du *Te Deum*. » Enfin, on leur enjoignait d'allumer, le soir, des feux devant leurs portes ou des clartés à leurs fenêtres. Ceux qui ne voulaient pas prendre part à ces réjouissances étaient passibles d'une amende de dix livres applicables aux réparations des ponts et chaussées de la ville (2).

Le jour où l'on chantait le *Te Deum*, les tambours et les fifres appelaient les bourgeois aux armes. Ceux-ci se rassemblaient par compagnies, et venaient se réunir sur la place de l'Hôtel-de-Ville. Le maire et les échevins se mettaient à leur tête, et se rendaient avec le cortége que nous avons décrit à la Cathédrale.

L'évêque avait reçu, en même temps que le gouverneur, une lettre du roi qui lui demandait de faire chanter un *Te Deum*. Il en fixait l'heure, après s'être concerté avec les

---

(1) A la paix de Nimègne, on distribua 1,000 pains. Reg. Q. 6.
(2) Voir Pièces justificatives, II, et Délib. du 25 novembre 1697. A. 46.

corps constitués, et ordonnait à tous les prêtres et à tous les religieux de la ville de s'y trouver. Des places étaient préparées pour la magistrature et l'échevinage dans le chœur, et plus d'une fois elles furent l'objet de revendications et de contestations qui allèrent jusqu'à la violence. Le maire et Messieurs du corps de ville laissaient à la porte leurs tambours et leurs hautbois. Deux hautes chaires ou stalles supérieures du côté gauche étaient destinées au maire et au premier échevin ; les autres échevins et les conseillers se plaçaient sur des bancs que, dans la matinée, l'on avait fait tendre des « tapis de la chambre de ville. » Le *Te Deum* était chanté solennellement ; les musiciens de Saint-Etienne se réunissaient à ceux de Saint-Pierre ; en 1660, ils exécutèrent des motets avec quatre chœurs de chanteurs : l'un placé dans l'orgue, l'autre sur le jubé, les deux autres dans le chœur. Les sergents de la milice bourgeoise, avec leurs hallebardes, restaient dans la nef ; quelquefois l'attitude de leurs soldats laissait à désirer. La foule afflua à un tel point, en 1660, aux abords du chœur, que l'évêque put à peine y pénétrer. Aussitôt que le *Te Deum* était terminé, les tambours et les trompettes retentissaient auprès des grandes portes, et donnaient aux autorités le signal du retour (1).

La foule accompagnait la municipalité jusqu'à la place de l'Hôtel-de-Ville. Là s'élevait une sorte de théâtre, sur la plate-forme duquel le feu d'artifice devait être tiré. L'édifice décoratif qui fut élevé à la paix de Riswick (2) fut réparé à neuf en 1713, et l'année suivante, l'on y ajouta des figures et des ornements nouveaux (3).

L'édifice était carré, dit la description de 1713 ; chaque face avait 15 pieds sur 13 à 14 de hauteur. « Le bas représentoit une espèce de Temple ou Sallon, dans lequel on entroit par

---

(1) Arch. de l'Aube, G. 1303, fol. 642, 685.
(2) *Détail universel des réjouissances...* p. 7.
(3) Mémoire de Pierre Robelin, menuisier. 1713, 1714. Arch. mun. A. A. 46, 1.

quatre cotez représentant les quatre parties du monde, pour
faire connoître que la paix procure l'union de toute la terre et
donne à tous les peuples la liberté de se réunir ensemble... »
Allégorie naïve, qui avait besoin d'un commentaire... « Au-
dessus, continue la narration, était une platte-forme quarrée
environnée d'une balustrade. Dans le milieu de cette platte-
forme, on avait placé sur un piédestal de douze pieds de haut,
une statue de sept pieds qu'on reconnoissoit à son habillement
blanc pour une divinité (!). La branche d'olivier qu'elle tenoit
de la main droite et la corne d'abondance de la gauche fai-
soient assez entendre qu'elle était la déesse de la Paix. »

Le temple dont parle l'ingénieux compte-rendu auquel nous
empruntons ces détails était orné de festons, de guirlandes et
de tableaux. Le piédestal de la statue était décoré de médail-
lons symboliques renfermant les attributs de la paix, et d'ins-
criptions latines traduites en vers français. Les tableaux furent
placés sur le piédestal, en 1714, avec des vers nouveaux. Les
corniches furent soutenues par quatre termes de bronze; et des
angles décorés de fleurs de lys, quatre Renommées « semblaient
partir pour annoncer les bienfaits de la paix. » Toute cette
décoration, qui n'était point dépourvue d'élégance, avait été
exécutée par des artistes troyens. La municipalité en fut si
satisfaite, qu'à deux reprises différentes elle la fit décrire et
reproduire à ses frais par la gravure (1). Les peintures avaient
été faites par Fourché et Clément. Le sculpteur Toussaint
Herluison avait exécuté la figure qui représentait la déesse;
il l'avait revêtue de draperies de toile, qu'il avait enduites de
colle-forte pour leur donner de la consistance (2). Toussaint

---

(1) *Explication de la Décoration du feu d'artifice pour la paix
d'Utrecht, tiré le dimanche* 18 *juin* 1713. *Elevé devant l'Hôtel de Ville
de Troyes.* — Troyes, Jacques Lefebvre, 1713, in-fol. de 4 pages, planche
gravée.

*Explication de la Décoration du feu d'artifice pour la paix de Bade,
tiré le dimanche* 2 *décembre* 1714, *devant l'Hôtel de Ville de Troyes.* 1714.
Id. — Voir Pièces justificatives, III. Cette brochure contient la gravure que
nous reproduisons.

(2) Voir Pièces justificatives, III.

était frère du peintre Louis Herluison, et sans doute oncle d'Herluison-Cornet, qui, au milieu du dix-huitième siècle, exerçait la profession de menuisier-sculpteur dans la rue Moyenne.

Cette époque offre un singulier mélange de misère et de luxe, de laisser-aller et d'apparat. Malgré les atteintes qu'avait subies la prospérité matérielle de la ville de Troyes, elle avait conservé le culte des arts et le goût des lettres. Elle était fière de Girardon et de Mignard; elle avait rendu au premier des honneurs publics. On y citait des artistes distingués comme Herluison, Carré, Chabouillé (1). Les maux produits par la guerre ne nuisaient pas aux délassements de l'esprit et n'empêchaient pas le luxe. On gémissait, il est vrai, du relâchement des mœurs; le dimanche n'était plus observé comme autrefois; des femmes, selon le chanoine Jean-Baptiste Breyer, battaient la lessive ce jour-là; les portes des maisons restaient ouvertes pendant les offices. Le tabac était devenu une mode générale; on en râpait dans les églises; les ecclésiastiques en usaient; les femmes en portaient dans des boîtes (2). Les femmes de toute condition ne sortaient plus en manteaux comme naguère; elles prenaient l'habitude, comme on le faisait à Paris, « d'aller par les rues en robes de chambre, soit de toiles peintes, soit d'autres étoffes (3). » Les rues, remplies de chiens et de gueux qui mendiaient jusque dans les églises, étaient si mal tenues, qu'on disait qu'elles n'étaient balayées que par des cotillons de taffetas. La plupart des malheurs du temps sont attribués par Breyer « au luxe excessif des femmes et des filles, dont il y en a à Troyes, dit-il, aussi bien qu'à Paris, qui dépensent plus de mille livres pour orner leurs têtes (4). »

Si l'on aimait ainsi la parure, on n'aimait pas moins ce que l'on pourrait appeler le luxe public, les décorations des

---

(1) Sur Chabouillé, voir *Annuaire de l'Aube*, 1868, p. 115.
(2) Manuscrits de Sémilliard, III, 597, année 1708.
(3) Id. III, 792, ann. 1713.
(4) Id. III, 598.

fêtes religieuses et civiles. Les spectacles étaient rares. En 1699, les comédiens du duc de Lorraine, au nombre de quarante-quatre, donnèrent des représentations pendant six mois au jeu de paume de Braque. Il y avait vingt-sept ans qu'il n'en était venu à Troyes (1). On avait des distractions d'un genre qu'on pourrait appeler plus noble. En 1698, on célébra à la fois la paix, le rétablissement des foires et l'avénement d'un nouvel évêque, en élevant un reposoir superbe et des arcs de triomphe dans la rue Moyenne. Pour orner le reposoir, on avait fait appel aux meilleurs peintres de la localité ; au-dessus de l'autel, Louis Herluison, élève de Coypel, avait représenté le pape Urbain IV, instituant la Fête-Dieu. L'année suivante, on y plaça un autre tableau du même artiste, avec un tableau de Létin (2). Des peintures en camaïeu décoraient l'autel, orné d'anges grands comme nature, sculptés avec talent par les sculpteurs de la ville. La rue était tendue de tapisseries de haute-lisse, et deux des rues adjacentes étaient traversées par des arcs de triomphe où les festons de fleurs servaient de cadre à des emblèmes et à des allégories.

L'allégorie n'a jamais été plus en honneur qu'à cette époque. Elle est à la fois naïve et précieuse. Sur l'un des arcs de triomphe se trouve un « Amour qui vient annoncer la paix d'un air tendre et gracieux. » Sur l'autre c'est la Sagesse : « on l'a mise sur une pierre quarrée, dit une relation du temps, pour montrer qu'elle est ferme et constante. » Au-dessous se trouvaient deux tableaux, dans lesquels l'ancien et le nouvel évêque de Troyes, l'oncle et le neveu, MM. de Bouttellier de Chavigny, étaient représentés, dans l'un sous la figure d'anges bénissant la ville de Troyes, dans l'autre, sous les

---

(1) Manusc. de Semilliard, III, 443. Les archives municipales contiennent une lettre du prince de Soubise, du 4 décembre 1698, dans laquelle il engage la municipalité de Troyes à recevoir la troupe de comédiens du sieur de Vilaire. — A. A. cart. 60, 2ᵉ liasse.

(2) *Explication de deux grands tableaux exposés le jour de l'octave de la Feste-Dieu au Reposoir fait à Troyes dans la rue Moyenne.... l'an 1699.* — Troyes, Jean Adenet, in-4° de 16 p.

traits de deux amours. On pourrait en douter, si des inscrip-
tions latines accompagnées de sonnets ne l'affirmaient. Sous le
second tableau qui a été, comme l'autre, conservé par la gravure, et qui porte pour titre : « Deux amours dans une nuit
dont l'un allume le flambeau de l'autre », on pouvait lire ces
vers :

> Tels sont ces deux prélats ; c'est ainsi que l'ancien
> En cédant au nouveau sa gloire épiscopale `.
> Lui donne un grand éclat sans rien perdre du sien. (1)

L'allégorie se prêtait à tous les sujets. La même année,
1698, les arquebusiers voulurent célébrer la paix de Riswick
et le rétablissement des foires de Troyes, auquel avait contri-
bué le maire nommé Lion. Un tableau, dressé dans l'hôtel de
l'Arquebuse, représentait la Victoire triomphant de l'Envie et
couronnant la ville de Troyes. « On voit auprès d'elle, dit un
récit contemporain, un Lion qui est le nom et les armes de
M. le Maire ; ce Lion est couché et tient sa pate sur le globe
de la victoire, pour marquer qu'il le fait tourner de son côté ;
à côté de la Victoire est l'Amour de la Patrie qui a fait agir
Monsieur le Maire. »

Les arquebusiers ne se contentèrent pas de ce tableau ; ils
firent tirer un feu d'artifice sur une plate-forme décorée de
tableau allégoriques et de statues représentant les qualités du
Roi, la Prudence, la Vertu, la Force et la Tempérance (2).

Ces statues et ces sortes de tableaux étaient cependant, au
point de vue de l'art, un progrès sur les mannequins habillés
qu'on avait offerts, à une autre époque, à l'admiration du

---

(1) *Dessein du reposoir fait dans la ville de Troyes... en la Rue
Moyenne... avec l'explication du Tableau pour le jour de l'octave de la
Feste-Dieu en l'année de la paix générale M.DC.XCVIII.* — Troyes, Jac-
ques Febvre, in-4° de 14 pages, 2 pl. gr.

(2) *Le triomphe des vertus dans la paix donnée à la France par
Louis-le-Grand, servant de sujet au feu d'artifice Tiré dans la Ville de
de Troyes... devant l'Hôtel des Arquebuziers, le trente-unième mars de
l'année* 1698. — Troyes, J. Febvre, in-fol. de 10 p. — Voir l'*Annuaire* de
1858, p. 80.

peuple. Pour célébrer la prise de Philipsbourg, en 1688, on n'avait rien trouvé de mieux que de représenter Louis XIV remettant un bâton de commandement au Dauphin, revêtu du costume de général d'armée, qui consistait en un justaucorps bleu couvert de dentelles d'or et d'argent (1). « Le sieur Friquet, maître sculpteur, » frère du peintre Jacques Friquet de Vaurose, avait « travaillé à la figure » du Dauphin (2); mais rien n'égalait dans ce genre le théâtre qui fut dressé en 1655, sur la place de l'Hôtel-de-Ville, en l'honneur de l'exaltation du pape Paul IV. Le fond et les retours de la scène étaient tendus de toiles représentant une mer, « au milieu de laquelle était peinte une ancre avec deux clefs passées en sautoir. » Sur l'estrade était posée une arche de Noé, que le peintre appelle « l'arche de Noël, » revêtue de toile peinte en couleur de bois, et portant à sa poupe les armes de saint Pierre dans un cartouche. Je laisse ici la parole au peintre de la ville, Claude Vacher, qui, dans le mémoire qu'il présente à la municipalité, décrit ainsi les personnages qui animaient son œuvre : « Proche de la ditte arche, écrit-il, (est) un rocher, et près d'iceluy rocher est représentée une furie ou discorde retirant par la main un espaignol de crainte qu'il ne monte sur l'arche. Sur la poupe de la ditte arche est représenté un patriarche tenant par la main un françois et le disposant d'entrer dans l'arche. Toutes les choses cy dessus, ajoute Claude Vacher, seront considérées par vos prudences et vous recognoitrez par icelles comment nous avons enrichi leurs abitz de passement de flaucons en fassons de broderies, changez leurs abitz en autres couleurs qui n'estoient, et avoir fourny deux masques, l'un pour la discorde, l'autre pour l'espagnol, et avoir fourny un rabat, des manches de chemise et des manchettes au françois. Pour tout que dessus, il vous plaira donner ordonnance de la somme de cent livres qui est le

---

(1) Reg. du Cérémonial. Arch. mun. Q. 6.

(2) Ordre de paiement du 30 novembre 1688. Arch. mun. A. A. 46. 1. Jean Friquet, menuisier-sculpteur, était né en 1643.

meilleur marché que nous puissions faire. » Malgré toutes ces fournitures de passements, de masques et de manchettes, malgré le succès qu'avait pu obtenir le contraste patriotique du Français entrant dans l'arche et de l'Espagnol réduit à se dissimuler sous un masque, les officiers municipaux ne se laissèrent pas convaincre et réduisirent à 70 liv. le mémoire de Vacher (1).

Il est vrai que Vacher n'avait pas travaillé aux figures de l'Espagnol, du patriarche, du Français et de la discorde. Elles étaient l'œuvre d'un Père bernardin, qu'on ne payait pas, mais qui fut nourri pendant la durée de son travail (2).

Tous ces tableaux, tous ces théâtres étaient accompagnés de devises latines et françaises, ou, comme le dit une relation, « d'un grand nombre de toutes sortes de vers (3). » Au bas du théâtre de 1655, il y avait quatre devises en latin sur quatre grandes planches de dix-sept pieds de long chacune. Il y en avait au bas du tableau de l'Arquebuse. Pour célébrer la paix de Riswick, il y en eut plus que jamais. A cette époque, Troyes renfermait des poètes infatigables. Tel était Mangard, qui fut l'ordonnateur et le narrateur des fêtes célébrées à l'occasion de cette paix (4). Il envoya même à cette oc-

---

(1) Arch. mun. A. A. 45, 1. Il existait à Troyes, au commencement du dix-septième siècle, un peintre, du nom de Claude Vacher, qui eut de sa femme, Edmée Billon, cinq fils et deux filles. Claude Vacher, dont il est ici question, est sans doute le cinquième fils du précédent. Baptisé à Saint Remy le 6 février 1617, il eut pour parrain Benoist Dubois, peintre. Nous le trouvons en 1659, marié à Louise Depainse, et faisant baptiser une fille, nommée Marguerite; il en eut une autre en 1661, et un fils en 1665. (Renseignements fournis par M. Huchard.)

(2) Pour un quartier d'aigneau et quatre bouteilles de vin envoiées au Père bernardin travaillant aux figures — lix s. Compte des dépenses du feu de joie. Arch. mun. A. A. 46. 1.

(3) Arch. de l'Aube. G. 1303, fol. 645 r°.

(4) *Détail universel des réjouissances faites dans la ville et fauxbourgs de Troyes, au sujet de la paix générale.* — Troyes, Edme Prevost. A la fin : achevé d'imprimer le 14 juin 1698. Cette pièce rare, in-4° de 44 p., que M. Alexis Socard a eu l'obligeance de nous communiquer, est la même que la narration in-4° de 50 p. dont parle Grosley, dans ses *Mémoires sur les Troyens célèbres,* t. II, p. 3.

casion un sonnet à Paris, où on le trouva digne d'être affiché
à l'Hôtel-de-Ville. Tout lui était prétexte à poëmes, à quatrains
et à sonnets ; la famine, l'incendie, le passage d'un prince, les
événements heureux ou malheureux. A la paix d'Utrecht, il
publia deux sonnets, où l'amphigouris le dispute à la médio-
crité ; ils étaient adressés au roi (1). Il avait eu longtemps
pour rival le génovéfain Claude de Laforest (2). Grosley cite
encore une pléiade de poètes troyens, qui vivaient à cette
époque, tels que le conseiller Regnier, l'avocat Perille, le
tailleur Joli, dit le *gabeleur de miésettes* (3) ; il aurait pu citer
également Quinot, sans doute le fils de cet amateur qualifié de
curieux par ses contemporains, et qui, toujours prêt à montrer avec courtoisie les merveilles de son cabinet, ne pouvait
souffrir qu'on dît en les voyant : Cela est beau ; parce qu'il
aurait voulu qu'on s'écriât : Cela est très-beau. Quinot, conseiller au présidial, avait fait les devises latines et françaises
du théâtre de 1713, et ses vers, selon un contemporain, n'auraient pas été désavoués par les meilleurs poètes du temps (4).
Ils sont, en effet, supérieurs à ceux de Maugard, et peuvent
soutenir la comparaison avec certains vers des opéras de
l'époque. Sous le dernier tableau, représentant le retour des
Arts et des Sciences après la guerre, et où l'on voyait Apollon
et les Muses sur le Mont-Parnasse, il avait placé ce distique
latin et sa traduction :

> *Instaurate choros musæ, dudumque relictas*
> *Exercete artes, innocuosque jocos.*

> Muses, ne craignez plus les trompettes de Mars,
>   La Paix règne, Apollon respire,
>   Unissez-vous au doux son de sa lyre,
>   Et ramenez tous les beaux Arts.

Cette poésie, dont nous venons de citer un des spécimens
les plus heureux, attestait du moins, dans le public qu'elle

----

(1) Manuscrits de Sémilliard, III, 794.
(2) Voir l'*Annuaire* de 1871, p. 22.
(3) *Mém. sur les Troyens célèbres*, I, 371.
(4) Man. de Semilliard, t. 1 et t. III, p. 792.

charmait, le goût des lettres et la recherche des plaisirs de l'esprit. Elle a aussi un intérêt historique. Ainsi l'on peut constater qu'aucune des devises qui décorent le théâtre élevé par la ville, à l'occasion de la paix d'Utrecht, ne parle du roi. Il avait été pourtant l'orgueil et l'idole de son peuple. En 1687, après l'opération qui lui fut faite, tous les corps et toutes les communautés célébrèrent en son honneur des fêtes et firent chanter des *Te Deum* ; les « servantes domestiques » furent du nombre. En 1697, tout retentissait encore du nom de Louis le Grand, tout chantait ses louanges. En 1713, la poésie officielle elle-même se tait. C'est que Louis XIV régnait depuis soixante-dix ans ; et en France, où on se lasse de tout, on pouvait être las d'un règne si long, que les vieillards eux-mêmes ne pouvaient, sauf de rares exceptions, se rappeler en avoir vu un autre ; c'est aussi que la fin de ce règne avait souffert de l'impéritie et de l'arbitraire, et qu'il avait été marqué par des malheurs persistants qui avaient frappé à coups redoublés le royaume et le roi. Cependant celui-ci n'avait jamais eu plus de constance et de grandeur réelle que dans ces jours néfastes où il ne désespéra pas de la fortune de la France, et où il parvint, après de longs revers suivis de la victoire de Denain, à obtenir une paix honorable qui lui laissait presque toutes ses conquêtes. On lui rendit plus de justice en 1714, lorsque la paix de Bade eût confirmé la paix d'Utrecht ; les maux qu'on avait soufferts étaient plus éloignés ; la prospérité renaissait, et, à la veille de la mort de Louis XIV, on put lire de nouveau, sur le théâtre de la place de l'Hôtel-de-Ville de Troyes, des quatrains qui exaltaient sa sagesse et sa gloire.

### III.

Les emblèmes et les devises n'étaient que l'accessoire de la fête. Le principal, c'était le feu de joie ou le feu d'artifice ; il réunissait tout ce qui peut frapper les foules : l'éclat et le bruit.

Le bruit n'avait pas fait défaut dans la journée ; les cloches de toutes les églises sonnaient dès trois heures et demie du matin ; le canon retentissait sur les places et sur les remparts. Pour célébrer la paix des Pyrénées, des salves eurent lieu sur les murailles d'une heure à cinq heures du matin, pendant une nuit de novembre (1). Au milieu du dix-septième siècle, il y avait encore à Troyes un grand nombre de pièces d'artillerie ; en 1667, on tire devant l'Hôtel-de-Ville quatre petits fauconneaux et quatre *jeux d'orgues*, qui, composés de canons de mousquets réunis sur un même affût, auraient mérité le nom de mitrailleuses (2). On tire quatre fauconneaux devant le logis du gouverneur, M. de Praslin ; quatre devant le logis du maire. On tire des salves de pièces de campagne, disposées au nombre de trois sur les boulevards de Chevreuse et de Saint-Jacques, et sur la tour Boileau (3). Mais ce qui résonnait le mieux, c'était une forte pièce, connue sous le nom de la *Grosse Guillemette*, qui était placée sur cette tour. « Le coup de la grosse Guillemette estonna, lit-on dans une relation de la célébration de la paix des Pyrénées ; il fit tomber une petite partie du cul-de-lampe au-dessus du grand autel de l'église de l'abbaye de Montier-la-Celle (4). » Parfois, il arrivait des accidents. En 1660, les tireurs d'arcs tournèrent si maladroitement leurs canons qu'ils endommagèrent un grand vitrail de l'église Saint-Nizier (5). Lors du passage des ambassadeurs des cantons suisses, en 1663, la grosse Guillemette rompit le cercle qui l'entourait, et qui alla tomber, partie dans une maison proche l'enseigne des Maures, partie dans la rue de la Limace. Elle resta muette jusqu'en 1714 ; à cette époque, on

---

(1) Arch. Aube, G. 1303, fol. 815. Voir, sur l'artillerie troyenne à cette époque, l'*Annuaire de l'Aube* de 1851, p. 1.

(2) Voir sur les orgues, le *Dictionnaire militaire*, 1745, I, 185, et le registre G. 1303, fol. 644 v°.

(3) Cérémonial, Arch. mun. Q. 6. — Arch. de l'Aube, G. 1303, fol. 640 v°.

(4) Arch. de l'Aube, G. 1303, fol. 643 r°.

(5) Id. fol. 645. Il existe encore dans l'église Saint-Nizier un charmant vitrail représentant saint Sébastien, et qui fut donné par les archers.

la tira pour la célébration de la paix de Bade, mais en ayant soin de n'y mettre que quinze livres de poudre au lieu de trente ; on en entendit cependant les coups jusqu'à Villadin (1). Depuis longtemps on n'était plus habitué à l'artillerie. Dès 1679, on avait renoncé aux salves ordinaires sur les places publiques, par suite du manque de fonds (2).

On n'avait jamais renoncé aux feux de joie et aux feux d'artifice. En 1660, l'un et l'autre eurent lieu sur la place de l'Hôtel-de-Ville ; ils consumèrent une Discorde et une Envie, tandis que les figures de la Paix et de la Concorde échappaient à leurs flammes (3). Pour célébrer les conquêtes de Louis XIV en 1668, on dressa une pile de fagots autour d'une pièce de bois de quarante pieds de haut, au sommet de laquelle était « une représentation de la ville de Troyes, pleine de saucissons et de pétards (4). » Le feu d'artifice, dans les derniers temps du règne, était tiré sur la plateforme du théâtre que nous avons décrit. Elle était remplie de grosses lances à feu ; des gerbes, des soleils et des girandoles brillaient aux angles et au centre des balustrades ; des boîtes remplies de fusées communiquaient à des pots à feu ; des saucissons et des pétards éclataient sur la plateforme. Tout cet artifice, dit une relation, fut conduit avec ordre, « de manière que le théâtre étant toujours rempli de feu et de bruit, donna un vrai plaisir aux spectateurs (5). »

C'étaient le lieutenant-général et le maire qui allumaient le feu, avec des flambeaux blancs qu'ils apportaient de l'Hôtel-de-Ville (6) ; » les dernières fusées éteintes, les autorités

---

(1) Manuscrits de Sémilliard, III, 815. — On en tira quatre coups, car on brûla 60 livres de poudre à 18 s. Le canonnier reçut 6 liv., les quatre servants 8 liv. — Arch. mun. A. A. 46, 1.

(2) « Les fonds de l'Hôtel-de-Ville n'estant lors suffisants. » — Cérémonial, Arch. mun. Q. 6.

(3) Arch. Aube, G. 1303, fol. 644 v°.

(4) Cérémonial, fol. 10.

(5) *Explication... pour la paix d'Utrecht*, 1713, p. 4.

(6) Arch. de l'Aube, G. 1303, fol. 644 v°.

se séparaient pour aller souper. En 1713, les membres du présidial se réunissaient au Palais, dans la chambre du Conseil, avec le grand-prévôt, tandis que les sergents et les archers mangeaient dans une autre salle (1). De leur côté, les membres de la municipalité et les officiers des quartiers se rendaient dans la grande salle de l'Hôtel-de-Ville, où une collation leur était préparée. Le 21 septembre 1696, on y avait dressé une table de quatre-vingts couverts, sur laquelle il y avait « deux ou trois pastés de lièvre, deux ou trois daubes, deux jambons de Mayence, trois bassins de langues de mouton et quatre ou cinq bassins de fruits avec des biscuits, et une centaine de bouteilles de vin » (2). Pendant que les magistrats et les officiers soupaient dans la grande salle, les tambours, les musiciens et les ouvriers de la ville étaient réunis au rez-de-chaussée ; on leur donnait 85 pintes de vin, à 6 sous la pinte, du pain et de la pâtisserie (3); on faisait aussi des distributions de pain et de vin. Celle de pain avait lieu le jour. En 1713, on distribua 800 *mollots* de pain à 2 s.; ce qui faisait une dépense de 80 liv.; on était moins généreux pour le vin; on parle, dans les procès-verbaux, de fontaines de vin coulant à flots et distribué pendant longtemps au peuple après le feu d'artifice. En 1714, deux fontaines de vin furent établies dans l'Hôtel-de-Ville, l'une dans la salle d'audience, l'autre dans celle des Consuls; mais dans chacune d'elles on n'avait versé que le contenu d'un muids de vin, acheté moyennant 20 livres au jardinier d'un notable (4).

Tandis que le vin coulait à l'Hôtel-de-Ville, les rues se remplissaient de flammes et d'illuminations. Pour se conformer aux ordonnances, les fenêtres s'éclairaient de lanternes et de chandelles, et devant les portes des officiers de quartier, des

---

(1) Manuscrits de Sémilliard, III, 792.

(2) Arch. mun. Cérémonial. Q. 6. Reg. A. 46.

(3) Pièces justificatives, III.

(4) A Toussaint Bazin, jardinier de M. Tetel, pour deux muids de vin distribués à l'Hôtel-de-Ville. — Arch. mun. A. A. 46, 1, et Reg. A. 47.

notables, des marchands et des bourgeois, s'allumaient des feux de joie, et pétillaient des pièces d'artifice (1). On a peine à comprendre comment, dans une ville bâtie en bois, où les incendies étaient fréquents, ces feux de fagots flambant sur tous les points pouvaient brûler sans amener de désastres ; soit que les précautions eussent été prises avec soin, car tout habitant était tenu d'avoir des tonneaux remplis d'eau chez lui (2), soit qu'une surveillance active eût été exercée, on ne signale pourtant aucun accident. Les principaux habitants ne se contentaient pas d'allumer des feux de joie. Les officiers de quartier, en 1660, font apporter devant leur porte des tables couvertes de viande et de vin, et donnent à boire à leurs soldats et aux passants, en portant la santé du roi. On raconte aussi que, dans cette circonstance, des bourgeois s'assemblaient au milieu des rues pour y manger ensemble (3). En 1713, le conseiller Quinot, l'auteur des devises qui figuraient sur le théâtre de l'Hôtel-de-Ville, fit tirer un feu d'artifice devant sa maison, située rue du Coq, et distribua à la foule, qui se pressait alentour, deux feuillettes « de fort bon vin, » qu'on mit en perce de chaque côté de sa porte.

Il n'y a pas de fêtes sans lendemain. Ce dicton peut s'appliquer surtout aux célébrations de la paix qui eurent lieu, à Troyes, sous Louis XIV. Après la paix des Pyrénées, des *Te Deum* furent chantés successivement dans toutes les églises ; les paroissiens de Saint-Jean se cotisèrent et recueillirent 500 liv. pour faire un feu de joie. Les arquebusiers dressèrent un théâtre avec devises et feux d'artifice (4). Il en fut de

---

(1) Arch. mun. A. 46 (1697).

(2) Art. LVIII du *Règlement de police miliiaire pour la ville de Troyes* de 1674. — Tiendront lesdits Habitans pour le secours du Feu de grands vaisseaux plains d'eau devant leurs maisons. — Ce règlement reproduit des dispositions antérieures.

(3) Arch. Aube. G. 1303, fol. 686 r°.

(4) Id. G. 1303, fol. 645 r°.

même à la paix de Riswick. Maugard l'affirmait, lorsqu'il disait :

> Ce ne sont que festes publiques,
> Pendant quatre jours solennels...
> Les marchands ferment leurs boutiques...
>
> . . . . . . . . . . . .
>
> Les jeux, les festins et les danses
> Se réunissent à la fois
> Dans les Maisons de nos Bourgeois
> Plus qu'en aucun endroit de France...

C'était, en effet, au moment du carnaval ; de nombreuses fêtes furent données dans les maisons particulières. Parmi ces fêtes, on citait un bal offert par le maire Lion, le soir même du feu d'artifice, et un autre bal « très-magnifique » qui fut donné par M. de La Hupproye de La Cuisine, assesseur criminel de robe courte (1). Les réjouissances furent surtout sincères et nombreuses à la célébration de la paix d'Utrecht, qui mettait fin à une guerre si longtemps désastreuse. Elles se prolongèrent pendant plus de deux semaines. Le 18 juin 1713, Rolin le jeune donne un feu d'artifice avec accompagnement de musique ; le 20, c'est le tour de Camusat, sur la place du Marché-à-Blé ; le 21, nouveau feu d'artifice dans la grande rue. Un autre jour, « Messieurs de la Justice » en font tirer un sur la tour de la Madeleine. Le 3 juillet, le Collége donne un feu semblable à celui de l'Hôtel-de-Ville. On vit défiler auparavant, dans la cour, une compagnie de milice, à la suite de laquelle marchaient les pensionnaires et les écoliers, l'épée nue à la main, au bruit de tambours et de trompettes joués par des Polonais qui étaient alors à Troyes (2).

Les réjouissances prolongées, auxquelles s'associent les divers corps et les habitants, donnent à ces fêtes un caractère qu'elles n'auront point à des époques plus rapprochées. C'est un lieu commun qui se retrouve dans les écrits de tous les temps,

---

(1) *Détail universel des réjouissances...* p. 35 et 10.
(2) Manuscrits de Sémilliard, III, 794, et IV.

que d'exalter le passé et de se plaindre du présent. Ainsi le marquis de Mirabeau affirmait, au siècle dernier, que la gaieté française avait diminué... « Plus de fêtes, disait-il, infiniment moins de vaudevilles, plus de danses dans les campagnes, et nous ne sommes plus gais comme nous l'étions... A cet égard nous avons perdu et peut-être par la raison qui fit perdre au savetier ses chansons et son somme. Le riche fait de ses richesses les cent écus du savetier ; le pauvre en désire, ou s'il en désespère, il n'est plus bon à rien (1). » Serait-il vrai qu'à cette époque, comme le dit le marquis de Mirabeau, la maturité eût succédé à la jeunesse, et que l'augmentation de la prospérité, coïncidant avec le sentiment de droits et de devoirs nouveaux, eût dès lors modifié le caractère des Français ?

Troyes, 19 mai 1876.

---

(1) *L'Ami des Hommes*, II, 392.

# PIÈCES JUSTIFICATIVES

## I.

### Lettre de Louis XIV au gouverneur de Troyes.

(Arch. mun. A. A. carton 40, 1<sup>re</sup> liasse.)

Monsieur le Marquis d'Esseville, après avoir signé la paix avec l'Empereur, je n'ay point perdu de temps à la traiter encore avec les Princes de l'Empire. Les conférences tenues à Bade pour la conclure ont eu le succez que je pouvois désirer, et le traitté de paix, que mes ambassadeurs signèrent le 1<sup>er</sup> septembre dernier avec ceux de l'Empereur revestus des pouvoirs de ce Prince et de ceux de l'Empire, vient d'estre solennellement ratiffié. Ainsy l'ouvrage de la Paix estant entièrement consommé, mon intention est de rendre à Dieu de nouvelles grâces de la tranquillité parfaite qu'il veut bien accorder à mes peuples et que je regarde comme un des plus précieux dons de sa Miséricorde divine. C'est pour cet effet que j'écris aux archevesques et evesques de mon Royaume de faire chanter le *Te Deum* dans leurs églises, et je désire que vous y assistiez dans le lieu où vous vous rencontrerez et que vous teniez la main à ce que les officiers de justice et les autres corps qui doivent assister à de semblables cérémonies ayent à s'y trouver, et qu'au surplus vous donniez les ordres nécessaires dans l'étendue de votre charge pour faire alumer des feux de joye dans les rues, tirer le canon et donner toutes les autres marques et démonstrations de réjouissance publique accoustumée en pareil cas, et la présente n'étant à autre fin, je prie Dieu qu'il vous ait, Monsieur le Marquis d'Esseville, en sa sainte garde. Ecrit à Marly, le 12 novembre 1714.

*Signé* LOUIS *et plus bas* COLBERT.

Les archives municipales conservent seulement une copie de cette lettre. Des lettres originales d'une autre date, mais dont les conclusions sont semblables, portent pour suscription : à Monsieur le Marquis d'Esseville, gouverneur de ma ville de Troyes et mon lieutenant-général au gouvernement de Champagne au département de Troyes, — et en son absence, à celuy qui y commande.

## II.

## Ordonnance du Maire de Troyes.

(Arch. mun. P. 3.)

### DE PAR LE ROY.

DE L'ORDONNANCE DE MESSIEURS LES MAIRE ET ÉCHEVINS
DE LA VILLE DE TROYES,

Il est enjoint à toutes Personnes de quelque qualité et condition qu'elles soient, de tenir chacun en droit soy Mardi prochain vingt-septième du présent mois de Novembre, dès neuf heures du matin, les Rues de cette Ville nettes, et à tous Marchands, Artisans, et autres ayans Boutiques ouvertes, de les tenir fermées pour honorer la Cérémonie qui se doit faire pour la Publication de la Paix, faite et arrêtée entre très-Haut, très-Excellent et très-Puissant Prince Louis, par la grace de Dieu, Roi de France et de Navarre, notre Souverain Seigneur ; très-Haut, très-Excellent et très-Puissant Prince Charle, Empereur, et les Seigneurs Electeurs, Princes et Etats de l'Empire, leurs Vassaux, Sujets et Serviteurs et encore de tenir pareillement lesdites Rues nettes, faire réparer châcun en droit soi ou (*sic*) Pavez qui sont à réparer, notamment dans les Rues depuis Saint-Pierre jusques au coin des Quatre-Vents dans la grande Rue, et depuis les Quatre-Vents jusques à Saint-Pierre dans la rue de Notre-Dame le Dimanche ensuivant deuxième Décembre, pour aussi honorer la Cérémonie du *Te Deum* qui sera chanté le même jour, et d'allumer le soir des Feux devant leurs Portes, le tout en exécution des ordres du Roi, à peine de dix livres d'amende contre châcun Contrevenant, applicable aux Réparations des Ponts et Chaussées de ladite Ville. Fait en l'Hôtel de ladite Ville de Troyes, le vingt-quatrième Novembre mil sept cens quatorze.

*Signé* Paillot, maire.

Blanchet, greffier.

### III.

## Mémoires acquittés par la Municipalité de Troyes.

(Arch. mun. A. A. 46, 1.)

### 1.

Mémoire des ouvrages que Herluison (1) a faits pour Messieurs les Maire et échevins de la ville de Troyes pour le feu de joie, Savoir :

Pour avoir fait la figure qui représente la déesse... 20ᵗᵗ » ſ

Plus pour la branche d'olivié faite à neuf et raquomodé le cornet d'abondance..................... 2 »

Plus fourny pour le bois de la ditte figure........ 4 12

Plus pour avoir livré de la colle forte pour encoller les draperies de la figure......................... 4 »

Plus pour avoir fourny des clous............... » 5

Plus pour deux fleurs de lys faitte à neuf, pour deux bastons royaulx des sergents de ville .............. 3 »

Plus pour sept draps employées tant pour la figure que pour les tableaux ont coûté 3 liv. pièce......... 21 »

54ᵗᵗ 17ſ

Suit une ordonnance de paiement en date du 27 juin 1713.

---

(1) Toussaint Herluison, sculpteur, naquit le 8 août 1671. Son frère aîné, le peintre Louis Herluison, était né le 20 juillet 1667. Leur père Jean, maître menuisier, était sans doute le fils de Toussaint Herluison, maître sculpteur, inhumé le 2 septembre 1630, et cousin d'un autre Toussaint, maître menuisier, inhumé en 1693. Celui dont nous parlons se maria le 31 janvier 1695, à Saint Remy, avec Madeleine Salomon. Leur premier enfant, Louis, eut pour parrain, en 1696, le peintre Louis Herluison ; le cinquième naquit en 1703. (Renseignements fournis par M. Huchard.)

## 2.

Mémoire de Jacques Febvre, libraire, pour avoir fait graver le feu d'artifice pour la paix d'Utrecht et ce qui luy est dû pour les ouvrages par lui faits, savoir :

| | | |
|---|---|---|
| 260 copies ou exemplaires de la Relation dudit feu. | 17ᵗᵗ | 10ʃ |
| Pour sept mains de papier à 7 s. la main......... | 2 | 9 |
| Plus pour papier bleu et marbré pour couvrir les dits exemplaires............................ | 7 | 14 |
| Plus pour avoir relié les dits exemplaires......... | 2 | 10 |
| Plus pour la graveuré d'Estampe la planche en cuivre poly pour ce............................ | 30 | » |
| | 60ᵗᵗ | 3ʃ |

Suit une Quittance signée *Lefebvre*, du 25 Août 1713.

## 3.

Paié pour 85 pintes de vin donnée au viollons, trompettes, tambours, haubois, fifre et ouvriers de la ville qui ont assisté à la publication de la paix tant au retour de ladite publication que à leur souppé à raison de 6 s. la pinte fait................. 25ᵗᵗ 10ʃ

Pour le dessert du souppé du dit jour du pain fournie tant pour le souppé de la table de Messieurs que des susdit tambours et autres que pour la pâtisserie servie. 25 »

Il a esté donné le jour du *Te Deum* aux viollons, aubois, tambours, trompette, aux enfants Dret et autres qui ont assisté au *Te Deum* au lieu de leur souppée et vinée.......................... 28 »

Au trompette pour avoir assisté à la publication de la paix, au *Te Deum* et feu de joie............... 8 »

Au fifre pour mesme raison..................... 3 »

Au manœuvre de la ville pour mesme raison..... 3 »

Au paveur pour mesme raison................... 3 »

Au dit paveur pour avoir réparé le pavé à cause des trous faits en iceluy pour le théatre du feu de joie..... 4 »

Donné à ceux qui ont placé les ornements du feu de joie dans la grande salle pour leur boire........... 2 ,

Ensemble.............. 102 10

Suit l'ordonnance de paiement du 13 décembre 1714.

**4.**

Aux 4 sergents de ville pour leurs peines et gratifications. ........................................... 40 »

www.ingramcontent.com/pod-product-compliance
Lightning Source LLC
LaVergne TN
LVHW020458060726
842525LV00005B/1790